प्रेरणात्मक विचार

स्थापित 1912
100 वर्षों की
श्रेष्ठ प्रकाशन परम्परा
राजपाल

₹ 195

ISBN : 9788170286905

PRERNATMAK VICHAR by APJ Abdul Kalam

मुद्रक : शिव शक्ति प्रिंटर्स, दिल्ली

राजपाल एण्ड सन्ज़

1590, मदरसा रोड, कश्मीरी गेट, दिल्ली-110006

फोन : 011-23869812, 23865483, 23867791

e-mail : sales@rajpalpublishing.com

www.rajpalpublishing.com

www.facebook.com/rajpalandsons

प्रेरणात्मक विचार

जीवन में नया उत्साह, नई प्रेरणा और सफलता के सूत्र

एपीजे अब्दुल कलाम

राजपाल

आप किस रूप में याद रखे जाना चाहेंगे? आपको अपने जीवन को कैसा स्वरूप देना है, उसे एक कागज़ पर लिख डालिए। वह मानव इतिहास का एक महत्त्वपूर्ण पृष्ठ हो सकता है

बच्चों को प्रेरित कीजिए कि
वे अपने सपने संजोना सीखें

सपने देखना, उन्हें दृढ संकल्प से सार्थक करना आपका जीवन–दर्शन होना चाहिए

सृजनशील व्यक्ति औरों की
तरह ही स्थिति को देखता है,
लेकिन उसके निष्कर्ष
बने-बनाये ढांचे से भिन्न
और मौलिक होते हैं

श्रेष्ठ नेतृत्व चुम्बक की भांति होता है,
जो अच्छे लोगों को अपनी
ओर आकृष्ट करता है

रचनात्मक नेतृत्व अपनी परम्परागत भूमिका से हटकर कमांडर के स्थान पर कोच और प्रबंधक के स्थान पर पथप्रदर्शक का काम करता है

सितारों को न छू पाना
लज्जा की बात नहीं
लज्जा की बात है
मन में सितारों को छूने का
हौसला ही न होना

एक अच्छी पुस्तक आनेवाली
पीढ़ियों के लिए मार्गदर्शक
के समान होती है

सपने लेना मत छोड़िये
सपने लेते रहिए
सपने ही आधारशिला होते हैं
नये भवनों के निर्माण की

कल्पनाशील नेतृत्व ही
'विकसित भारत'
के सपने को साकार करने में
सक्षम होगा

सफलता तभी संभव है, जब
हम कर्तव्य के प्रति समर्पित हों

उद्यमशील नेतृत्व ही लोगों में
उचित ढंग से कार्य करने की
प्रवृत्ति जगाता है

संबद्धता ही शक्ति है
संबद्धता ही संपत्ति है
संबद्धता ही प्रगति है

योग्यता और अयोग्यता का भाव
तो इंसान के अपने ही मन में होता है

कल्पना से विचार जन्म लेते हैं
विचारों द्वारा ही ज्ञान की ज्योति
जागृत होती है
ज्ञान की ज्योति से ही
देश आलोकित होता है

दृढ़ निश्चय और पूरे प्रयत्न से ही
आप पुरानी धारणाओं से
आगे निकल सकते हैं

अनदेखे, अनजाने रास्तों पर
चलने के लिए सदा
तैयार रहना चाहिए

आलोकित मन और विशाल
हृदय साथ-साथ चलते हैं

आपको तभी स्मरण रखा जाएगा
यदि आप देश के इतिहास का
एक पृष्ठ बन पाते हैं

जो सपने देखते हैं और
उन्हें साकार करने की हिम्मत रखते हैं
सारी सृष्टि उनकी मित्र है और
उनके सपने पूरा करने में
सहायक होने के लिए तत्पर है

अच्छी नागरिकता के
तीन आधार होते हैं :
संस्कारयुक्त शिक्षा,
आध्यात्मिकता और
विकासशीलता

प्रश्न करते रहिए और
उनके उत्तर खोजते रहिए
समय आने पर उत्तर मिलेंगे ही
और समस्याओं का
समाधान भी होगा

बड़े से बड़े कम्प्यूटर से भी
कहीं अधिक बड़ा और तेज़ है
मनुष्य का मस्तिष्क

शिक्षा एक अंतहीन यात्रा के समान है
जो जीवनपर्यन्त साथ चलती है

बच्चों के मुँह पर मुस्कान
सदैव बनी रहे,
हमें ऐसी शिक्षा–प्रणाली
लानी होगी

सूझबूझ और मौलिकता से ही सरस्वती, लक्ष्मी का रूप ले पाती है

मन स्वस्थ है तो विचार भी स्वस्थ होंगे

कल्पनाशक्ति आधार है
आपकी मौलिक सृजनात्मकता का

शिक्षा कल्पना को जन्म देती है,
कल्पना विचारों को, और
विचारों द्वारा ही व्यक्ति श्रेष्ठ बनता है।
शिक्षा और कर्म के संगम से ही
ऐश्वर्य प्राप्त होता है

मनुष्य का मन कल्पनाशील है
और खोजी भी और जो नित नये
की तलाश में रहता है

देश की सच्ची सम्पदा है
देशवासियों की कल्पना,
मौलिकता और दक्षता

सोचना विकास है,
न सोचना विनाश

कर्महीन ज्ञान बेकार और
अनुपयोगी है
ज्ञान और कर्म के तालमेल
से ही समृद्धि आती है।

जो कभी असंभव माना जाता था,
वह आज संभव हो रहा है
और जो आज तक संभव
नहीं हो पाया वह
कल अवश्य होगा

शिक्षा का चरम लक्ष्य यही है
कि विद्यार्थी यह सोचने लगे
मैं समाज और देश के लिए
क्या कर सकता हूँ

आत्मा-रूपी रजिस्टर में
हमारे सब दोष और
दुष्कर्म दर्ज हो जाते हैं

शिक्षा का सबसे महत्त्वपूर्ण अंग है
विद्यार्थियों में आत्म–विश्वास
की भावना पैदा करना

परिश्रम और सच्ची लगन
दो ऐसे शक्तिशाली देवता हैं,
जो हर समय आपके साथ
सहायक के समान खड़े रहते हैं

आलोकित मस्तिष्क इस धरती पर ही नहीं,
आकाश और पाताल में भी
आपका सबसे सशक्त साधन है

समाज में परिवर्तन लाने वाली
केवल तीन शक्तियां हैं–
माता, पिता और शिक्षक

जब एक बार बच्चों को कोई बात सिखा दी जाए तो फिर आपको भी वे उससे पलटने नहीं देंगे

बचपन में दी गई शिक्षा, संस्कार और नैतिकता किसी कॉलेज और युनिवर्सिटी में मिली औपचारिक शिक्षा से कहीं अधिक महत्त्वपूर्ण होती है

समाज के हर क्षेत्र में
नेकनीयती और सच्चरित्रता
से ही विकास हो पाता है

अब तक अर्जित ज्ञान और
जानकारियों के उपयोग का
अवसर है – इक्कीसवीं सदी

विज्ञान और अध्यात्म दोनों का
एक ही उद्देश्य है–जनमानस का कल्याण

प्रबुद्ध नेतृत्व का लक्ष्य होना चाहिए, सब को यथासंभव समर्थ बनाना

किसी भी क्षेत्र में हम काम करें,
हमें जनकल्याण का चरम उद्देश्य
नहीं भुलाना चाहिए

सदाचारयुक्त कठोर परिश्रम ही
हमें समृद्ध बना सकता है

शिक्षक को स्वयं भी जीवन भर
कुछ नया पढ़ते, कुछ नया सीखते रहना है

नेक और ईमानदार व्यक्ति ही अपने विवेक का सही उपयोग कर सकता है

जितने भी उद्योग–धंधे या सेवा–कार्य हैं,
उन सब में से शिक्षक का काम
समाज के लिए सबसे महत्त्वपूर्ण है

एक दीपक दूसरे दीपक को
जलाता है, तो उसका
अपना कुछ भी नहीं जाता

शरीर–रूपी मंदिर को आत्मा–रूपी
दीपक ही प्रकाशित करता है

शिक्षक का जीवन
अनेक जीवन सँवारता है

जीवन का महत्त्व इस बात में है कि
खुद कामयाबी हासिल करने से
अधिक हम दूसरों को कामयाबी
हासिल करने में मददगार हों

विद्यार्थी आजीवन विद्यार्थी बना रहे
और अपने आप निरन्तर कुछ नया सीखने
का प्रयत्न करे–यही शिक्षक का मुख्य कार्य है

युवा मन में प्रकाश की किरण
जलाना ही शिक्षक का उद्देश्य है

विज्ञान और टेक्नोलॉजी–इन दोनों को भी अंततः अध्यात्म का आधार चाहिए ही

एक नेता जब लोगों को समर्थ और शक्तिसम्पन्न बनाता है, तो नेताओं की एक ऐसी कतार उभर कर सामने आती है, जो राष्ट्र की प्रगति की धारा मोड़ सकती है

एक अच्छी पुस्तक आपके जीवन को उज्ज्वल करती है

प्रतिदिन एक घंटा पुस्तकें पढ़ने में लगाइए और आप ज्ञान का भंडार बन जाएंगे

प्रश्न करना और घोर परिश्रम करके उनके सही उत्तर ढूँढ़ना और प्रकृति के नियमों में निरंतर नयी-नयी खोजें करना ही विज्ञान है

संगीत का आनंद लेने में
भाषा आड़े नहीं आती

तब तक सवाल करते रहो,
जब तक संतोषजनक
जवाब न मिल जाए

लेखक समाज की आत्मा के प्रहरी हैं

संगीत और नृत्य भी साधन बन सकते हैं,
विश्व में शांति फैलाने के लिए

राष्ट्र का सर्वोच्च गौरव उसके विचारक और चिंतक होते हैं

लेखक ही मानवमात्र को संकट के समय पैर टिकाए रखने और जीवन में कामयाबी हासिल करने के लिए प्रेरित करते हैं

ज्ञान-प्राप्ति के लिए चिंतन-मनन और कल्पना की स्वतंत्रता ज़रूरी है

नृत्य और संगीत हमें एक ऐसी दुनिया में ले जाते हैं, जहाँ खुशी और सुकून से हमारे तन-मन खिल उठते हैं

ज्ञान, अदम्य साहस और कठिन परिश्रम से ही युवाशक्ति देश का विकास कर पाएगी

देशवासियों की सच्ची सोच से
ही देश महान् बन पाता है

यदि 2020 में हमारा देश विकासशील
देशों में माना जाएगा तो यह
युवाशक्ति द्वारा ही संभव हो पाएगा

साहित्य हमारी सोच को
विकसित करता है

देश के बच्चों और किशोरों को
बड़े लक्ष्यों से जोड़ना होगा
उन्हें छोटे लक्ष्यों तक सीमित
रखना अपराध है

व्यक्ति विशेष और संस्था से कहीं
बहुत बड़ा है राष्ट्र और अपना देश

हमारा सपना है ऐसे देश का निर्माण
जिसमें प्रत्येक देशवासी के
चेहरे पर मधुर मुस्कान हो

सत्ता सम्मान करती है,
सत्ता का

देश में सच्ची शांति तभी संभव है,
जब प्रत्येक नागरिक
सशक्त हो और संतुष्ट भी

अपने अधिकारों की रक्षा
इस तरह करें कि
सभी के अधिकार सुरक्षित रहें

हम अब तक जो कुछ करते आए हैं,
उससे आगे बढ़कर, कुछ नया करने
से प्रगति की राह बनती है

देश की प्राथमिकता है युवाओं की आशाओं और आकांक्षाओं के अनुरूप उन्हें अवसर देना

शिक्षक विद्यार्थियों को ज्ञान ही नहीं देता, वह उनके जीवन में, मन में, सपने भी भर देता है

शिक्षक एक सीढ़ी के समान है
जिस पर चढ़कर उसके विद्यार्थी
उन्नति के मार्ग पर आगे बढ़ जाते हैं
और सीढ़ी वहीं खड़ी रह जाती है,
आने वाले विद्यार्थियों के लिए

ईश्वर द्वारा मानव जाति को दिया गया सर्वश्रेष्ठ वरदान है–विज्ञान

विकसित राष्ट्र वही है जहाँ साधनसम्पन्न
और साधनहीन नागरिक में
अन्तर बहुत कम रह जाए

शासक से लेकर आम नागरिक तक सभी का सदाचारपूर्ण जीवन ही प्रगति की आधारशिला है

सीमा के पार
कोई और
सरहदें नहीं रहतीं

आने वाली पीढ़ियों के लिए सार्थक
विरासत का निर्माण हमें ही करना है

आज की आर्थिक दौड़ में
टेक्नोलॉजी ही एक ऐसा यंत्र है
जो सबसे अधिक कारगर है

हमारे श्रम का पसीना
विकासशील भारत को
विकसित भारत में बदल देगा

दूरदर्शिता, मौलिकता
और ध्येयनिष्ठा–इनसे
ही मूल परिवर्तन
संभव होगा

जीवन में सुन्दरता और सार्थकता के साधन हैं–ललित कलाएँ

देश के बच्चे और युवक ही
हमारे देश की आशा हैं और भविष्य भी

आज के विज्ञान में हमें और नवीनता, दूरदृष्टि और कल्पनाशीलता लानी है

शिक्षा प्रणाली का उद्देश्य ऐसे विद्यार्थी
तैयार करना होना चाहिए,
जो स्वयं अपनी आगे
की राह चुन सकें और
उस पर आगे बढ़ सकें

आध्यात्मिक और वैज्ञानिक दृष्टि से
प्रबुद्ध नेतृत्व ही प्रगति का मूल मंत्र है

विज्ञान और विज्ञान की खोजों की कोई सीमा नहीं होती

किसी भी देश की अच्छाई का पैमाना
उसके नागरिक, उनके आदर्श,
जीवन मूल्य और उनका चरित्र हैं

चाहे मेरा अनुभव एक नन्हे बिन्दु के समान ही क्यों न हो, लेकिन इस बिन्दु में जीवन है, प्रकाश है